BEI GRIN MACHT SICH IHR WISSEN BEZAHLT

- Wir veröffentlichen Ihre Hausarbeit, Bachelor- und Masterarbeit

- Ihr eigenes eBook und Buch - weltweit in allen wichtigen Shops

- Verdienen Sie an jedem Verkauf

Jetzt bei www.GRIN.com hochladen und kostenlos publizieren

GRIN

Robert Rietzke

Erstellung von Standards für den Hotelstore der MS Columbus unter Berücksichtigung zeitgemäßer Lagerhaltung und Lagerhygiene

GRIN Verlag

Bibliografische Information der Deutschen Nationalbibliothek:

Die Deutsche Bibliothek verzeichnet diese Publikation in der Deutschen National-
bibliografie; detaillierte bibliografische Daten sind im Internet über http://dnb.d-
nb.de/ abrufbar.

Impressum:

Copyright © 2010 GRIN Verlag GmbH
Druck und Bindung: Books on Demand GmbH, Norderstedt Germany
ISBN: 978-3-656-13157-1

Dieses Buch bei GRIN:

http://www.grin.com/de/e-book/186859/erstellung-von-standards-fuer-den-hotel-
store-der-ms-columbus-unter-beruecksichtigung

GRIN - Your knowledge has value

Der GRIN Verlag publiziert seit 1998 wissenschaftliche Arbeiten von Studenten, Hochschullehrern und anderen Akademikern als eBook und gedrucktes Buch. Die Verlagswebsite www.grin.com ist die ideale Plattform zur Veröffentlichung von Hausarbeiten, Abschlussarbeiten, wissenschaftlichen Aufsätzen, Dissertationen und Fachbüchern.

Besuchen Sie uns im Internet:

http://www.grin.com/

http://www.facebook.com/grincom

http://www.twitter.com/grin_com

INHALTSVERZEICHNIS

1 EINLEITUNG

Erstellung von Standards für den Hotelstore der MS Columbus, unter Berücksichtigung zeitgemäßer Lagerhaltung und Lagerhygiene

1.1 Vorbemerkung

Das Thema für meine Facharbeit ergab sich durch einen Zufall, da mich die Operations-Managerin Frau Juliane Döpper der Firma See Chefs sowie Herr Henry Fongern, F&B-Manager der MS Columbus, während eines Gesprächs mit den Schwierigkeiten im Bereich des Hotelstores (Lagerraum für alle Non Food Artikel) konfrontierten.

Aus dieser Situation heraus habe ich entschieden, meine Facharbeit zu diesem Thema zu schreiben. Frau Döpper und Herr Fongern zeigten sich sehr interessiert und sicherten mir zu, mich mit allen Mitteln zu unterstützen; sei es mit Zahlenmaterial oder auch durch Expertengespräche. Während meiner früheren Tätigkeit auf der MS Columbus als Assistent Provision Master konnte ich mich davon überzeugen, wie wichtig es für das Unternehmen ist, Standards zu erstellen, um einen reibungslosen Arbeitsablauf zu gewährleisten. Die fachgerechte und hygienische Lagerhaltung ist ein sehr wichtiger Punkt für alle Waren beziehenden Unternehmen. Vor allem an Bord eines Kreuzfahrtschiffes stellt die sachgemäße Lagerhaltung und -hygiene einen hochsensiblen Punkt dar, denn sie unterliegen vielen gesetzlichen Bestimmungen und sind Bestandteil des betriebswirtschaftlichen Gesamtergebnisses. Bei nicht sachgemäßer Lagerhaltung und -hygiene in diesem sensiblen Betriebsbereich besteht ein hohes Unfallrisiko. Durch hygienische Mängel sind Passagiere sowie die Besatzung im höchsten Maße gesundheitlichen Gefahren ausgesetzt. Zusätzlich wäre im Ernstfall das Betriebsergebnis gefährdet, vom Imageverlust ganz abgesehen.

Beispiele für diese Risiken in der Lagerhaltung sind unter anderem nicht richtig gesicherte und gelagerte Waren, mangelhafte Waren und speziell der Diebstahl durch das Personal. Um sicherzustellen, dass diese Risiken ausgeschlossen werden, erachte ich die Erstellung von Standards für den Hotelstore der MS Columbus für betriebswirtschaftlich notwendig und sinnvoll.

Um einen Überblick über die Facharbeit zu geben, wird im weiteren Verlauf der Einleitung auf die Problemstellung eingegangen, werden die Themen abgegrenzt sowie die Vorgehensweise im Verlauf dieser Facharbeit beschrieben.

1.2 Problemstellung

Da es an Bord der MS Columbus keine Standards und Richtlinien für den Hotelstore gab, bestanden keine optimalen Voraussetzungen für eine angemessene zeitliche Inventur. Des Weiteren bestand durch das Fehlen von Sicherungssystemen nach jeder stürmischen See ein hohes Unfallrisiko durch herabfallende Waren und Gegenstände und ein erheblicher Warenverlust durch zu Bruch gegangene Ware. Zusätzlich ergab sich ein sehr großes Brandrisiko, da die eingelagerten Chemikalien weder gesichert noch - wie vorgeschrieben - in einen separaten Raum aufbewahrt wurden. All diese Umstände stellten ein hohes Risiko für die Passagiere, Mannschaft und das Schiff dar.

1.3 Zielsetzung

Das Ziel dieser Facharbeit soll es sein, durch die Erstellung von Standards im Hotelstore der MS Columbus eine zeitgemäße Lagerhaltung und -hygiene zu gewährleisten.

Die daraus entstandenen Richtlinien sollen dazu beitragen, das Unfallrisiko und den Warenverlust durch richtige und sichere Lagerung zu senken. Durch diese Maßnahmen ist es dann möglich, eine zeitnahe Inventur durchzuführen und dadurch gleichzeitig die Personalkosten zu minimieren.

1.4 Abgrenzung

Die Erstellung der Standards in dieser Facharbeit bezieht sich nur auf den Hotelstore der MS Columbus und nicht auf die anderen Lager (wie Getränke und Lebensmittel) an Bord. Da es für diese Lager andere Standards und Richtlinien gibt und diese auch nicht vom Management angestrebt werden, wird auf diese Bereiche im Rahmen dieser Arbeit nicht eingegangen. Ebenfalls bleiben die bestehenden Lagerkennzahlen an Bord der MS Columbus unberücksichtigt.

1.5 Vorgehensweise

Einleitend wird das Kreuzfahrtschiff MS Columbus vorgestellt. Diese Standards beziehen sich auf den Hotelstore, darum werden zunächst die hierfür relevanten Begriffe erläutert. Danach werden anhand des Warenwirtschaftskreislaufes die einzelnen Schritte beschrieben: von der Lieferantenauswahl bis hin zur Warenannahme und Lagerung. Im Anschluss wird geklärt, welche Voraussetzungen zur Umsetzung der Standards nötig sind.

2 MS Columbus

2.1 Schiffsbeschreibung

Die MS Columbus ist ein Kreuzfahrtschiff, das von der MTW Schiffswerft in Wismar für die Conti-Reederei gebaut wurde. Das Schiff, das als „Columbus" gebaut wurde, ist im Jahr 1997 in Dienst gestellt worden.[1] Auf der MS Columbus kümmern sich 200 Crewmitglieder um maximal 420 Gäste. Das Schiff hat eine Länge von 144,13 m und eine Breite von 21,50 m, es besitzt 8 Decks, davon 6 Passagierdecks. Trotz seiner 15000 Tonnen Gewicht hat es einen geringen Tiefgang von 5,15 m. Dadurch ist es ideal geeignet für flache Häfen und Expeditionsfahrten.

Eine Besonderheit des Schiffes ist es, dass es aufgrund der idealen Abmessung die Schleusen der Großen Seen in den USA passieren kann.

2.2 Begriffserklärung

Um die Abkürzungen in den nächsten Unterpunkten etwas verständlicher zu machen, werden die Begriffe USPH, die Geschichte und die Entstehung des USPH, die FiFo-Methode, der Warenwirtschaftskreislauf, die Sicherheitsbestimmungen für Chemikalien und die Standardisierung für den Hotelstore näher erklärt.

2.2.1 Definition des USPH-Begriffes

USPH steht für (United States Public Health) dies ist eine staatliche Behörde, die der Gesundheitsbehörde untergeordnet ist. Sie beschäftigt mehr als 6000 Experten aus dem Gesundheitswesen, welche der Förderung der öffentlichen Gesundheit und Wissenschaft dienen. Speziell auf Kreuzfahrtschiffen, die amerikanische Häfen anlaufen, sorgen die USPH- Mitarbeiter dafür, dass deren Standards eingehalten werden. Bei einem Verstoß gegen diese Standards drohen der Schiffsreederei sehr hohe Geldstrafen. Bei sehr schwerwiegenden Verstößen kann das Schiff sogar „an die Kette" gelegt werden. Das bedeutet, dass das Schiff unter Quarantäne gestellt wird und den Hafen nicht verlassen darf. Erst wenn alle Mängel behoben sind und das Schiff nach einer erneuten Kontrolle seitens der USPH- Mitarbeiter freigegeben wurde, darf das Schiff wieder seine Fahrt aufnehmen. Dieser Verstoß hat nun zur Folge, dass das Schiff auf der „schwarzen Liste" erscheint. Auf dieser Liste werden alle Schiffe geführt, die die Standards der USPH nicht erfüllen oder verletzt haben.

---

[1] Vgl. www.wikipedia.org/wiki/Columbus_(1997)

Die Mission der USPH ist es, die Gesundheit und Sicherheit der Vereinigten Staaten zu fördern und schützen. Nach dem PHSCC (Public Health Service Commissioned Corps) wird diese Mission durch eine rasche und wirksame Reaktion auf die Erfordernisse im Gesundheitsbereich durch die exzellente Führung der Mitarbeiter erreicht.[2]

2.2.2 Geschichte und Entstehung

Die Entstehung der USPH reicht bis ins Jahr 1798 zurück. Sie wurde geschaffen, um verletzten und kranken Seeleuten zu helfen. Die ersten Mitarbeiter dieser Behörde waren entlang der Ostküste in Marinekrankenhäuser stationiert. Im Jahr 1870 fand dann unter John Maynard Woodworths eine Reform statt; er gründete das Marine Hospital Service mit Sitz in Washington und fasste das lose Netzwerk aus Ärzten und medizinischen Mitarbeitern in einem Korps (Abteilung) zusammen. Er schaffte ein System von mobilen Career- Service- Ärzten, die bei Bedarf in den verschieden Krankenhäuser in Küstennähe eingesetzt werden konnten. Im Jahr 1889 wurde dann von der Regierung das Public Health Service Commissioned Corps gegründet, ehemals Marine Hospital Service. Ab diesen Zeitpunkt befasste sich dann die Behörde mit der medizinischen Kontrolle und Überwachung von Emigranten und Besuchern, die über die Seewege einreisten. Heute ist die USPH eine Unterabteilung der Gesundheitsbehörde (United States Department of Health and Human Services), die die Hygiene-Standards auf allen Kreuzfahrtschiffen, die amerikanische Häfen anlaufen, kontrollieren. Schiffe, die nicht nach den USPH- Standards arbeiten, dürfen die US-amerikanischen Häfen nicht anlaufen.

2.2.3 FiFo-Methode

Die FiFo-Methode (first in-first out) geht davon aus, dass die zuerst beschaffte Ware auch zuerst verbraucht wird.[3] Dieses stellt sicher, dass die Waren (Chemikalien) vor Ablauf ihres Mindesthaltbarkeits- bzw. Verbrauchsdatums in den Produktionsprozess gelangen.

---

[2] Vgl. http://en.wikipedia.org/wiki/United_States_Public_Health_Service
[3] Vgl. Germann, Josse': Rechnungswesen für Hotellerie und Gastronomie, Darmstadt 2003, 2. Aufl.

2.2.4 Warenwirtschaftskreislauf

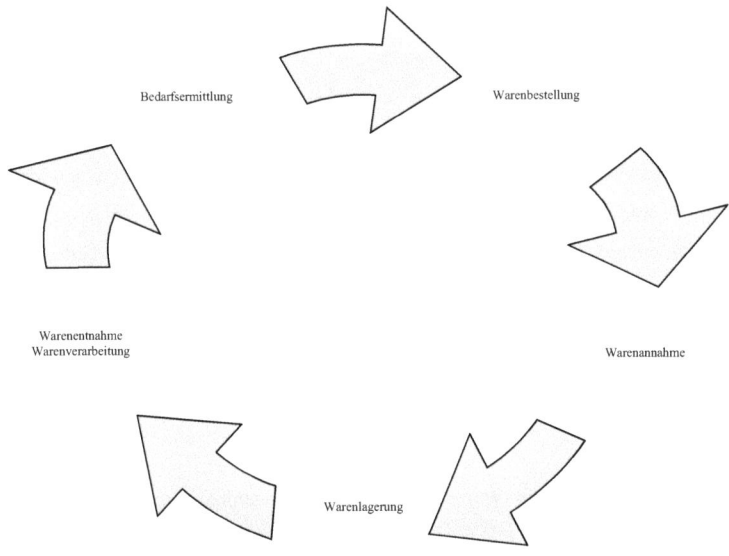

Abbildung 1: Kreislauf der Warenwirtschaft

Die Warenwirtschaft geht drei Zielen nach. Diese sind das Sachziel, das Formalziel und das Sozialziel.

Das Sachziel befasst sich mit der Bereitstellung der Güter, wenn sie für den betrieblichen Ablauf benötigt werden. Die Schwerpunkte liegen hierbei in der Warenbeschaffung.

Das Formalziel beschäftigt sich in der Warenwirtschaft mit dem Bereich des Controllings. Es deckt Ladenhüter auf und wägt die Kosten für den Wareneinkauf ab, um so eine möglichst effektive wirtschaftliche Arbeitsweise für das Unternehmen zu finden.

Das Sozialziel befasst sich mit der Einhaltung gesetzlicher Richtlinien und Forderungen sowie mit der Benutzung und Entsorgung von Materialien und Gefahrstoffen sowie der Umsetzung von Recycling.[4]

---

[4] Vgl. Schäfer, Franz , Hand-out Kreislauf der Warenwirtschaft, 2006. S. 1

Um den Warenwirtschaftskreislauf optimal in die Praxis umzusetzen, ist dieser in fünf grundlegende Punkte unterteilt.

1. Bedarfsermittlung und Beschaffungsplanung von Waren: Diese Themen stellen einen sehr wichtigen Schritt für den reibungslosen Ablauf dar. Die Umsetzung wird speziell von der Einkaufsabteilung durchgeführt. Durch die Ermittlung von Warenbeständen durch Warenwirtschaftssysteme oder Inventuren können die benötigten Warenmengen bestellt werden. Bei Neueröffnungen erfolgt die Bedarfsermittlung über die Erhebungsanalyse der zuständigen Marketingabteilung. Im weiteren Verlauf wird die Produktbestimmung durch Degustationen, Preisvergleiche und der Ermittlung des kostengünstigsten Lieferanten erfolgen. Zum Schluss erfolgt die Einbettung in das Warenwirtschaftssystem durch die Bestimmung von Warengruppe, Artikelnummer, Einkaufspreis, Gebinde sowie Mengenangabe (z. B. Liter, Kilogramm, Stück, Dose und Anzahl).[5]

2. Wareneinkauf und die Warenbestellung: Diese werden durch eine körperliche Inventur sichergestellt. Danach erfolgt die Abfrage der tatsächlich benötigten Bestellmenge durch das Warenwirtschaftssystem, gleichzeitig kann so eine so genannte Renner-Penner-Liste erstellt werden, die genau die Lagerhüter aufzeigt. Spezielles Augenmerk sollte bei der Warenbestellung auf die Sonderveranstaltungen, die Events oder geplanten Aktionen gelegt werden.[6]

3. Warenannahme: Diese stellt für viele Betriebe einen neuralgischen Punkt dar. Sollte es in diesen Bereich für die Mitarbeiter keine standardisierten Arbeitsabläufe geben, kann es in dem Betrieb zu erheblichen wirtschaftlichen Schäden kommen. Diese sind meistens auf einen längeren Zeitraum nicht sichtbar. Sie haben aber bereits eine Auswirkung auf die betriebswirtschaftlichen Kennzahlen. Aus diesem Grund wird in den meisten Betrieben eine standardisierte Arbeitsanweisung für die Wahrenannahme erstellt, die in Form und Struktur für die Mitarbeiter der Warenannahme verbindlich ist. Ein weiterer wichtiger Kontrollpunkt in der Warenannahme besteht in der verbindlichen Führung von USPH-Listen. In diesen werden folgende Angaben eingetragen:

- die Arbeitsanweisungen,

- die Ergebnisse der Kontrollen der Fahrzeuge und der Lieferanten,

- die Ergebnisse der Prüfung und vorläufige Bearbeitung des Lieferscheins,

[5] Vgl. Schäfer, Franz, Hand-out Kreislauf der Warenwirtschaft, 2006, S. 2
[6] Vgl. Schäfer, Franz, Hand-out Kreislauf der Warenwirtschaft, 2006, S. 2

- das Gewicht und Gebinde der gelieferten Ware,

- die Daten der Palettenkontrolle,

- die Daten der Temperaturkontrolle bei gekühlter oder tiefgekühlter Ware,

- die Angaben über Unversehrtheit der Verpackung,

- das Verzehrs- beziehungsweise Verbrauchsdatum,

- das Datum die Mindesthaltbarkeit sowie

- die Daten der Kontrolle nach Frischemerkmalen bei Fisch, Fleisch, Eiern, Salat und Gemüse.

Ebenso erfolgen die Einträge vorbestimmter Artikel in die USPH-Liste und die Daten über das Verräumen der angelieferten Ware nach FiFo in die entsprechenden Lager- oder Kühlräume. Die Bestandteile, die in den USPH-Listen erfasst werden müssen, und die Umsetzung in den betrieblichen Ablauf werden in den nächsten Punkten näher beschrieben.[7]

4. Warenlagerung: Eine entscheidende Rolle spielt die sachgerechte Lagerung der Waren, da es sonst zu großen Verlusten im Unternehmen kommen kann. Deshalb gibt es für dieses Segment verbindliche Arbeitsanweisungen für die Mitarbeiter. Es wird des Weiteren darauf geachtet, dass die Lagerung der Waren in angemessenen Räumen unter der Berücksichtigung von Hygiene und gesetzlichen Richtlinien erfolgt. Zu den täglichen Arbeitsabläufen des Betriebsleiters/Assistenten gehört deswegen auch die tägliche Kontrolle der Bestandslisten, USPH-Listen und Lagerkosten. Denn jeden Tag ist mit unangemeldeten Kontrollen der Wirtschafts- oder Ordnungsämter zu rechnen, die bei Feststellung einer Ordnungswidrigkeit den Betriebsleiter oder Assistenten zur Verantwortung ziehen können.[8]

5. Warenentnahme und Verarbeitung der Waren: Auch hier gibt es Arbeitsanweisungen, die für die betroffenen Mitarbeiter bindend sind. Die am weitesten verbreiteten Fehler bei der Entnahme von Waren sind die unsachgemäße Handhabung und die Nichteinhaltung der FiFo-Regel. Durch regelmäßige Kontrollen, Mitarbeiterführung und Schulung sollten Entnahmefehler in Zukunft ausgeschlossen werden können. Besondere Beachtung sollte der Pflege der Daten und des Warenwirtschaftssystems gelten, um zu jedem Zeitpunkt einen aktuellen Überblick über die Umschlagshäufigkeit

[7] Vgl. Schäfer, Franz, Hand-out Kreislauf der Warenwirtschaft, 2006.S. 2
[8] Vgl. Schäfer, Franz, Hand-out Kreislauf der Warenwirtschaft, 2006. S. 3

und Warenmenge zu erhalten. Diese Maßnahmen erleichtern die monatliche Inventur und tragen zu einem beanstandungsfreien Inventurergebnis bei.[9]

2.2.5 Sicherheitsbestimmungen von Chemikalien

Für die Lagerung von Chemikalien gibt es Richtlinien, die in den USPH-Vorschriften festgehalten sind. Diese sagen aus, dass sobald Personen mit Chemikalien in Kontakt kommen, das Chemikaliengesetz greift. In diesem Gesetz sind die Handhabung und Lagerung sowie der Schutz der Betroffenen und der Umwelt festgehalten. Die Chemikalien müssen in einem separaten Raum mit ausreichender Belüftung gelagert werden. Alle Chemikalien unterliegen der Kennzeichnungspflicht. Dieses geschieht mit Symbolen auf orangem Untergrund. Des Weiteren müssen für die Chemikalien oder Zubereitungen wie Reinigungsmittel Sicherheitsdatenblätter (siehe Anhang) vorhanden sein, die alle relevanten Daten für Gefahrstoffe enthalten. Diese erhält man bei den Firmen, die die Chemikalien vertreiben. Diese müssen in einem Ordner gut sichtbar im Lager angebracht werden, damit im Falle eines Unfalls sofort Gegenmaßnahmen eingeleitet werden können. Die Chemikalien sind je nach Gefahrengrad (z. B. leicht entzündlich) getrennt voneinander und gegebenenfalls in dafür vorgesehene Sicherheitswannen zu lagern. Alle Chemikalien sind mit den vorhandenen Sicherheitssystemen so zu sichern, dass das Unfall- und Brandrisiko auf ein Minimum reduziert wird.

2.2.6 Standardisierung

Damit nicht jedes Mal die gleichen Aufgaben und Abläufe neu erklärt werden müssen, wurden Standards definiert. Das Ziel der Standardisierung in jeglicher Hinsicht ist die Optimierung von immer wiederkehrenden Arbeitsabläufen. Sie dienen der Kosten und Zeitersparnis, aber sie sind auch für die Steigerung der Effizienz von Beschaffungs- und Absatzprozessen verantwortlich, weswegen sie sie genau definiert werden. In jedem gastronomischen Betrieb ist der Standard als Regel oder Norm bekannt und in den Handbüchern zu finden. Die Ausführung der einzelnen Standards ist in jedem Unternehmen unterschiedlich. Doch alle Standards haben die gleichen Merkmale die da sind (gleich bleibende Regeln, schriftlich festgehalten und für jeden Mitarbeiter verbindlich). Diese Merkmale sind überall in den dafür vorgesehenen Handbüchern festgehalten. Damit jeder Mitarbeiter im Unternehmen diese Standards auch umsetzten kann, sind diese Regeln und Vorschriften in diesen Bücher genau beschrieben. Alle

---

[9] Vgl. Schäfer, Franz, Hand-out Kreislauf der Warenwirtschaft, 2006. S. 3

Standardisierungen in den Bereichen Kassensystem, Lieferantenauswahl Bestellung, Managerschulungen, Personalrekrutierung, Arbeitsablaufplanung, Rezepturen, Getränketechnik, Hygiene und Unfallverhütung, Arbeitsablaufplanung, Gästezufriedenheit, Verhalten bei Reklamationen, Aus- und Weiterbildung der Mitarbeiter, einheitliches Erscheinungsbild einheitliche Kommunikation und Unternehmensphilosophie werden in der Gastronomie den Mitarbeitern in Handbüchern zur Verfügung gestellt.[10]

2.3 Notwendigkeit von Standards

Damit jeder Mitarbeiter die festgelegten Standards, die für die jeweiligen standardisierten Bereiche im Unternehmen festgelegt wurden, auch umsetzen kann, werden Handbücher verfasst und bereitgestellt. Dadurch wird sichergestellt, dass alle Arbeitsabläufe nach den entsprechenden Normen ausgeführt werden, wodurch eine einheitlichen Unternehmenspolitik und Unternehmensphilosophie erkennbar wird. Für die Anwendung der Standards sind Schulungen für die Mitarbeiter notwendig und durchzuführen. Der Nutzen und die Funktion dieser Schulungen werden in den Punkten 5.5 und 5.5.1 näher beschrieben.

2.4 Voraussetzungen und Anforderungen zeitgemäßer Lagerhaltung und Lagerhygiene

Heutzutage reicht es nicht mehr aus, die Warenlager nur sachgemäß zu führen, sondern es ist auch darauf zu achten, dass die Warenlager möglichst zeitgemäß geführt werden. Um den Voraussetzungen gerecht zu werden, sollte die Mitarbeiter regelmäßig an Weiterbildungen teilnehmen und das Wissen der Mitarbeiter durch Schulungen im Betrieb auf den neusten Stand gebracht werden. Nur dadurch wird gewährleistet, dass die Warenlager immer den Hygienevorschriften und den Ansprüchen einer optimierten Lagerhaltung entsprechen. Um auch zeitgemäßen Anforderungen nachzukommen, sollten die Datensysteme immer aktualisiert werden. Durch diese Maßnahmen wird gewährleistet, dass der Betrieb immer auf dem aktuellsten Stand des Wissens arbeitet.

---

[10] Vgl. Schäfer, Franz, Hand-out Kreislauf der Warenwirtschaft, 2006. S. 8

3 Auswahl des Lieferanten und Lieferzeitpunkt

Für die Beschaffung der Waren an Bord der MS Columbus ist in der Regel das Department Provision und von Landseite die Firma Sea Chefs zuständig. Daraus ergibt sich, dass mittelständige Unternehmen aber auch Großkonzerne den strategischen Einkauf mit dem operativen Einkauf verbinden. Dadurch entsteht eine nachhaltige Verbesserung der Wettbewerbsposition innerhalb des Marktes. Eine wesentliche Rolle spielt die Art und Weise mit denen ein Untenehmen seine Beziehung zu den Lieferanten ausbaut. In den meisten Fällen werden strategische Partnerschaften mit den Stammlieferanten unterhalten.[11] Es gibt aber auch kleinere Lieferanten, mit denen nur sporadisch lokale Einkäufe abgewickelt werden. Generell sollten lokale Einkäufe vermieden werden da selten der hohe Qualitätsstandard der der gelieferten Ware gehalten werden kann. Dazu ist durch den Hotel-Manager, den F&B-Manager und den Department Heads (Restaurantleiter, Bar-Manager)eine vorausschauende Planung entsprechend Proviantierungsplan und sorgsame Lagerung der Produkte an Bord zu gewährleisten. In Ausnahmefällen sind direkte Einkäufe durch das Personal des Schiffes auch im Ausland möglich. Die ausgewählten Lieferanten sind nach Abstimmung mit der Landorganisation und gemäß eigenen Erfahrungen oder mithilfe der Agentur auszuwählen. Bei der Lieferantenauswahl sind mehrere Angebote einzuholen und der Lieferant mit dem besten Preis-Leistungsverhältnis auszuwählen. Dieser muss auch die geforderten Qualitätsstandards erfüllen.[12] Nachdem nun die passenden Lieferanten ausgewählt wurden, muss ein optimaler Zeitpunkt für die Lieferung der Waren gefunden werden. Da das Storing (Wahrenannahme) einen hohen Aufwand an Personal und Zeit beansprucht, wird in der Praxis der Lieferzeitpunkt oft in die Zeiten gelegt, zu denen sich das Schiff im Hafen befindet,. Zum weiteren Aufgabenbereich des Departments Provision gehört die Abstimmung von Arbeitabläufen und der Logistik. Dies wird automatisch über das Warenwirtschaftssystem MMS (Merchandise Management System) oder durch Inventuren gewährleistet.

---

[11] Vgl. Scheja, Joachim: Logistische Entscheidungsprobleme in der Praxis, Wiesbaden 2005, 1. Aufl., S. 105
[12] Vgl. Expertengespräch Frau Döpper, Operations-Managerin Firma sea chefs Cruise Management GmbH

4 Kontrolle des Lieferantenfahrzeuges

Die Lieferungen sind nach Erhalt generell durch den F&B-Manager zu überprüfen und die ordnungsgemäße Lieferung auf der Rechnung des Lieferanten mit Stempel und Unterschrift abzuzeichnen. Damit sichergestellt wird, dass die gelieferte Ware auch ordnungsgemäß transportiert wurde, ist die Temperatur im Innern der Ladefläche zu überprüfen und mit den Vorgaben zu vergleichen. Die ermittelten oder zu beanstandenden Werte werden dann in das Schadensprotokoll/Ausrüstungsprotokoll (siehe Anhang) eingetragen. Da in einigen Ländern andere klimatische Bedingungen gegeben sind und die Lieferfahrzeuge mehrere Kunden anfahren, ist auch der hygienische Zustand der Ladefläche zu Überprüfen. Aus diesem Grund erhöht sich das Risiko, dass Schädlinge bzw. Parasiten in den Ladebereich gelangen. Ein wichtiger Punkt bei der Überprüfung der gelieferten Waren ist, dass einige Produkte getrennt voneinander aufbewahrt werden und damit verhindert wird, dass Verunreinigen übertragen werden können.

5 Warenidentifikation

Damit die gelieferten Waren im einwandfreien Zustand sind, ist eine genaue Prüfung in gastronomischen Unternehmen zwingend nötig. Um den Produktionsprozess der benötigten Waren aufrechtzuerhalten, ist die richtige Lagerung von höchster Wichtigkeit. Erreicht wird das durch die Pflege des Lagers und die Warendisposition des Departments Provision. Die gelieferten Waren müssen zuerst identifiziert und mit dem Lieferschein verglichen werden, der Lieferschein ist dann mit einem Stempel und Unterschrift abzuzeichnen. Immer wieder kommt es jedoch dazu, dass Ware, die geliefert werden soll, auf dem Bestellschein aufgeführt ist, aber nicht geliefert wird. Daraus ergeben sich dann wiederum Engpässe in der Produktion, da die benötigte Ware nicht rechtzeitig eintrifft. Aus diesem Grund sollte die Kontrolle des Bestellscheins mit dem Lieferschein vor der Warenidentifikation vollzogen werden. Sollte die bestellte Ware tatsächlich nicht geliefert worden sein, so kann man eventuell noch handeln und Ersatz vor Ort beschaffen. Durch eine sachgemäße Kontrolle der Gebinde, Paletten und Verpackungen wird sichergestellt, dass keine mangelhafte Ware geliefert wurde und die Waren stets vollständig sind. Nun wird die Rechnung mit dem Lieferschein verglichen, um sicher zu gehen, dass nur gelieferte Waren in Rechnung gestellt werden. Ein weiterer wichtiger Punkt bei der Umsetzung der zuvor erwähnten Maßnahmen ist die umfangreiche Schulung des Personals. Denn nur wenn das Personal ausreichend geschult wurde, kann es die Anforderungen in der Praxis umsetzten. Bei der immensen Anzahl von Betriebs-, Hilfs- und Rohstoffen sind eine Vielzahl an Bestimmungen und Vorgaben einzuhalten, die mithilfe der Checklisten nach USPH bearbeitet werden können. Durch diese wird der Prozess der Warenannahme beschleunigt, da alle Daten und Fakten chronologisch erfasst werden können. Hierdurch werden Fehler des Personals vermieden und gleichzeitig die Dokumentation sichergestellt. Das Verbrauchs- oder Mindesthaltbarkeitsdatum sowie die Angaben zu Menge und Gewicht der gelieferten Waren, die vom Hersteller angegeben sein müssen, sind auch Bestandteil der Kontrolle. Gegebenenfalls müssen die Waren erneut nachgemessen oder gewogen werden. Nachdem die gelieferten Waren ordnungsgemäß überprüft wurden, sind der Lieferschein sowie die Rechnung durch den F&B-Manager mit Stempel und Unterschrift abzuzeichnen. Danach sollte die Ware sofort ins Lager verräumt werden, um Beschädigungen oder Diebstahl zu vermeiden. Hierbei ist darauf zu achten, dass die Produkte in die dafür vorgesehenen Lager transportiert und nach der FiFo-Methode eingeräumt werden. Um zu jeden Zeitpunkt ein aktuelles Bild über den Lagerbestand zu haben, ist es sehr wichtig, dass alle Wareneingänge entweder elektronisch erfasst oder per Lagerkarteikarte vermerkt werden. Natürlich sind alle Warenausgänge und Transfers in der gleichen Art zu erfassen.

5.1 Durchführung der Eigenkontrolle

Für geordnete Betriebsabläufe ist ein sorgfältiges und gut dokumentiertes Eigenkontrollsystem sehr wichtig, denn es dient neben der Sicherheit auch der Wirtschaftlichkeit. Ohne größeren Aufwand kann dieses System in das bestehende Qualitätsmanagementsystem des Betriebs eingeführt werden.[13] In den nächsten Punkten werden diese erläutert.

5.2 Hygieneplan

Um diese Standards im Hygieneplan umzusetzen, sollte dieser jedem Mitarbeiter deutlich und verständlich erläutert werden. Ebenso sollte ein Maßnahmenkatalog erstellt werden, der folgende Punkte enthält:

> ➢ In welcher Zeit (Wie oft)?

---

[13] Vgl. Schäfer, Franz, Hand-Out Kreislauf der Warenwirtschaft ‚2006. S. 2

> An welchem Ort (Was)?

> Mit welchen Mitteln (Womit)?

> Welche Person (Von wem)?

> Mit welchen Materialien (Wie)?

Des Weiteren sollte der Hygieneplan eine Auflistung der Reinigungs- und eventuellen Desinfektionsmaßnamen des gesamten Betriebsbereiches (z. B. Produktionsbereich, Lagerräume, Anlieferung/Warenannahme, Verkaufsbereich, Kühlräume, Sanitärbereiche) enthalten.[14] In einer dafür vorgesehenen Checkliste werden jeden Tag diese Daten eingetragen und von dem jeweiligem Mitarbeiter unterzeichnet. Durch den F&B-Manager sind diese Checklisten zu kontrollieren und gegenzuzeichnen.

In den jeweiligen Arbeitsbereichen sind die Checklisten so anzubringen, dass die Mitarbeiter auch bei einem Schichtwechsel immer einen aktuellen Überblick haben. Der Reinigungsplan und die Checkliste sind dem Anhang Nummer? zu entnehmen.

5.3 Wareneingangskontrolle

Sobald die Ware angeliefert ist, sollte sie stichprobenartig auf ihren einwandfreien Zustand hin kontrolliert werden. Bei der Überprüfung der Waren ist insbesondere auf den Hygienezustand des Lieferfahrzeuges zu achten, aber auch auf die Hygiene des Personals und der Transportbehälter; auch sollten die Einhaltung der vorgeschriebenen Temperaturen, die Beschaffenheit der Verpackungen sowie die Einhaltung des Verbrauchsdatums/Mindesthaltbarkeitsdatums und die vollständigen Angaben des Herstellers überprüft werden.[15]

5.4 Schädlingsbekämpfung

Ein sehr hohen wirtschaftlicher Schaden aber auch eine große Gefahr für den Menschen geht von Schädlingen aus. Diese werden meistens bei der Lieferung durch die Warenannahme in den Betrieb eingeschleppt. Zu den gefährlichsten Schädlingen gehören Schaben, Käfer, Fliegen und Schadnager (Mäuse und Ratten). Um diesen Schäden vorzubeugen, ist es sehr wichtig, dass bei der Warenannahme darauf geachtet wird, dass möglichst keine Holzpaletten oder Holzkisten an Bord gelangen, sie sollten idealer-weise auf Plastepaletten umgeschichtet werden. Auch sollte darauf geachtet werden, dass regelmäßige Kontrollen auf Schädlingsbefall in den Lagern durchgeführt

---

[14] Vgl. Schäfer, Franz, Hand-out Kreislauf der Warenwirtschaft, 2006, S. 2
[15] Vgl. Schäfer, Franz, Hand-Out Kreislauf der Warenwirtschaft, 2006. S. 2

werden. Zur Optimierung der Hygienestandards eigenen sich auch Köderfallen. Sollte jedoch ein Schädlingsbefall festgestellt werden, sind sofort der Vorgesetzte und die Schiffsleitung zu informieren.[16]

Im Anhang befinden sich die Pest Control Plans dieser enthält folgende Daten, wo (in welchen Räumen), womit (Typ der Fallen), wie oft (kontrolliert), welche Maßnahmen und wer (Verantwortlich) ist für die Durchführung

5.5 Personalschulungen

Das Personal muss regelmäßig geschult werden, denn nur so lassen sich wirtschaftliche Schäden im Unternehmen, aber auch Gefahren für das Personal und die Passagiere durch falsche Lagerung vermeiden. Somit ist der Arbeitgeber verpflichtet, sein Personal regelmäßigen Schulungen zu unterziehen, mindestens einmal pro Jahr oder bei einer Neueinstellung. Diese Schulungen werden in der Regel von den Vorgesetzen (F&B-Manager, Proviant Meister) oder von Mitarbeitern mit gutem Kenntnisstand über die vorgenannten Punkte durchgeführt.[17] In den Schulungen werden Themen behandelt wie Reinigungsplan, sachgerechte Arbeitskleidung, sachgemäßer Umgang und Annahme von Waren, Hygiene am Arbeitsplatz, Unfallverhütung und der Umgang mit Chemikalien. Nur wenn diese Schulungen regelmäßig durchgeführt, werden können die Standards eingehalten werden.

5.5.1 Nutzen von Personalschulungen

In den meisten Betrieben tragen Schulungen dazu bei, dass die geforderten Standards umgesetzt werden. Der reibungslose Ablauf von Arbeitsprozessen wird durch die Schulungen gewährleistet und somit ist das Personal mit den Vorschriften und Standards vertraut. Des Weiteren ist zu ermitteln, in welchen Bereichen Personalschulungen notwendig sind oder sich im Laufe des Jahres voraussichtlich entwickeln werden. Durch die Personalschulungen sollten die Mitarbeiter in der Lage sein, alle ihnen zugetragenen Aufgaben in ihrem Arbeitsbereich durchführen zu können. Sollten neue Produkte oder Geräte zur Verbesserung der Arbeitsabläufe angeschafft werden, so ist der Mitarbeiter darüber zu informieren und neu zu schulen. Durch das Führen von Checklisten und Handbüchern, die sich für diese Schulungen optimal eignen, wird gewährleistet, dass sich die Mitarbeiter auch über die Schulungen hinaus informieren können. Für die Dokumentation von Standards eignet sich hierbei ein

---

[16] Vgl. Expertengespräch Frau Döpper Operations Managerin Firma sea chefs Cruise Management GmbH
[17] Vgl. Schäfer, Franz, Hand-Out Kreislauf der Warenwirtschaft, 2006, S. 3

Handbuch. Durch die genannten Punkte können sich die Mitarbeiter einen schnellen Überblick über die Standards verschaffen

5.5.2 Mitarbeitermotivation

Um die betrieblichen Ziele zu erreichen, werden motivierte Mitarbeiter benötigt. Denn nur ein motivierter Mitarbeiter ist bereit, sein komplettes Potenzial, das in ihm steckt, zu benutzen. Auf einige Motivatoren wie private oder persönliche kann der Arbeitgeber keinen Einfluss nehmen. Für diese gibt es Modelle und Theorien (nach Maslow Bedürfnispyramide siehe auch untere Abbildung oder die Herzberg Theorie die von zwei unterschiedlichen Faktoren(Motivationsfaktor, Hygienefaktor) ausgeht.

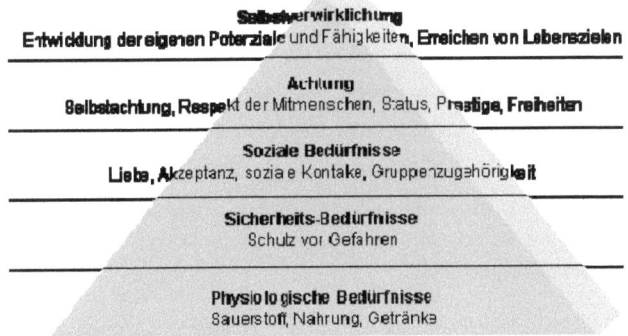

Abbildung: 2 Bedürfnispyramide nach Maslow

Darum besteht in der Arbeit nur die Möglichkeit, innerbetrieblich zu motivieren. In den meisten Fällen steigt oder sinkt die Motivation der Mitarbeiter mit der Formulierung der Aufgabe. Zum Beispiel sollte ein Ziel möglichst interessant formuliert werden, um die Neugier, die in jeden Menschen steckt, zu wecken. Eventuell genügt die Aussicht auf neue Aufgabenbereiche, um die Mitarbeiter zu motivieren. Ebenso steigt durch eine Annerkennung oft die Motivation der Mitarbeiter.[18]

---

[18] Vgl. http://www.methode.de/pm/um/pmum1.htm

5.5.3 Diebstahl durch Lieferanten und Mitarbeiter

Durch Diebstahl von Lebensmitteln und anderen Produkten entstehen in den meisten Betrieben wirtschaftliche Schäden. Daher sollte jedes Unternehmen die Möglichkeit in Betracht ziehen, Maßnahmen dagegen einzuleiten. Dieses ist zum einen durch eine sorgfältige Personalauswahl möglich und zum anderen durch Hilfe elektronischer Mittel: In den meisten Fällen sind es Datenerfassungssysteme, die alle Warenvorgänge und Zahlen über zu Bruch gegangene Waren ermitteln und aufzeichnen. Ein weiteres Mittel ist die Videoüberwachung der sensiblen Lagerbereiche. Hierbei ist aber zu beachten, dass die Überwachung durch Kameras nur in öffentlichen Lagerräumen und mit Absprache des Betriebsrates möglich ist, da sonst die Persönlichkeitsrechte des Mitarbeiters verletzt werden. Eine weitere Gefahr durch Diebstahl stellt der Lieferant für das Unternehmen dar. Daher sollte bei der Warenanlieferung von den Mitarbeitern auf die Gewichts-, Mengen- und Inhaltsangaben als vorbeugende Maßnahme gegen Diebstahl durch den Lieferanten geachtet werden. Da der Diebstahl durch Personal meistens erst sehr spät bemerkt wird, sollte man die betrieblichen Kennzahlen verwenden, um..... Weichen die zu erwartenden Werte stark von den Wareneinsatzkosten ab und kann man betriebsbedingte Faktoren ausschließen, so besteht die Möglichkeit, dass Diebstahl durch die Mitarbeiter stattgefunden hat.

5.6 Wareneingangsprotokoll

Um immer auf dem aktuellen Stand der Waren zu kennen, empfiehlt sich das Führen eines Wareneingangsprotokolls, was mit dem Warenwirtschaftssystem MMS sehr leicht möglich ist. Auf den Datenblättern werden alle notwendigen Informationen wie Menge, Hersteller, Materialbeschreibung, Kennzeichnung, MHD und VD sowie Name des Lieferanten vermerkt. Die Pflege und Kontrolle dieser Datenblätter sollte immer zeitnah erfolgen, um sicherzustellen, dass die Daten auf den aktuellen Stand sind. Ein weiterer Vorteil dieses Systems ist es, dass Fehlbestellungen verhindert werden und die Rückverfolgung der Güterströme vereinfacht wird.[19]

---

[19] Nach Aussage von Frau Döpper ,Operations Managerin Firma sea chefs Cruise Services GmbH

6 Voraussetzungen für die Umsetzung der Standards

Die Schaffung von Standards ist die Voraussetzung für die Umsetzung betrieblicher Vorhaben im Betrieb.[20]

Bis dahin wurde in dem Bereich des Hotelstores (Warenlager) der MS Columbus nicht mit den nötigen Standards gearbeitet. Dadurch kam es zu hohen Personalkosten und somit zu wirtschaftlichen Schäden. Daher wurde eine Begehung mit dem Hotelmanager Herr Thomas Haas und dem F&B-Manager Herr Henry Fongern durchgeführt, um die Gefahrenpunkte (fehlende Standards) zu erörtern und danach mithilfe zu etablierender Standards zu beheben. Durch das Vorhandensein der technischen sowie personellen Voraussetzungen mussten die neuen Standards in den Bereichen:

> ➢ Zusammenführung der einzelnen Lager in ein Hauptlager,
>
> ➢ geeignetes Lager für Chemikalien,
>
> ➢ Unterteilung des Lagers in einzelne Bereiche,
>
> ➢ richtige Lagerung beim Storing sowie
>
> ➢ Einrichtung von Sicherungssystemen
>
> ➢ Erstellung eines Schädlingsbekämpfungsplans

erstellt werden.

Aufgrund der neuen räumlichen Situation im Hotelstore musste ein neuer Hygieneplan erstellt werden. Da nach der Begehung klar war, in welchen Bereichen neue Standards umzusetzen sind, kann nun mit der Erstellung begonnen werden. Bei der Umsetzung ist auch drauf zu achten, dass die neuen Standards klar in den Abteilungen kommuniziert werden, um so weiterhin einen reibungslosen Ablauf zu gewährleisten. In den nächsten Punkten werden diese Standards erläutert.

6.1 Zusammenführung der einzelnen Lager in ein Hauptlager

Eines der größten Probleme bei der Inventur der einzelnen Waren war, dass die Stores (Warenlager) auf zwei Schiffsdecks verteilt waren. So befanden sich der Linienstore und der Uniformstore auf dem ersten Deck im mittleren Teil des Schiffs und der Hotelstore im ersten Schiffsdeck ganz vorn auf der MS Columbus. Daher wurde entschieden, dass die beiden kleineren Lager in den Hotelstore integriert werden sollen.

---

[20] Vgl. http://www.contentmanager.de/magazin/artikel_303_standards_im_e-government.html

Die einzelnen Waren (Tischdecken, Handtücher und Uniformen) wurden nach Größe und Art sortiert. Durch diesen Standard wurde bei den Inventuren der Zeitaufwand erheblicher reduziert.

6.2 Schaffung eines geeigneten Lagers für Chemikalien

Ein weiterer Standard wurde durch die Schaffung eines eigenen Lagers für die Chemikalien kreiert. Da die Chemikalien zum Anfang direkt neben leichtentzündlichen Materialien standen und zu dem schlecht oder gar nicht gesichert waren, kam es zu diversen Sicherheitsverstößen, unter anderen wurde der Mindestabstand zur Schiffsdecke nicht eingehalten, was laut USPH-Richtlinien zwingend nötig ist. Deswegen wurde in der angrenzenden Laundry (Schiffswäscherei) ein Raum der vorher schon für die Chemikalien der Wäscherei genutzt wurde frei geräumt, der den Sicherheitsbestimmungen für Chemikalien gerecht wurde (z. B. separater Raum mit ausreichender Lüftung, Sicherheitswannen, genug Platz zur Schiffsdecke). Zusätzlich wurden die schiffseigenen Fachkräfte (Mechaniker, Elektriker) beauftragt, fehlende Sicherheitsmängel abzustellen, um den Lagerraum für die Chemikalien auch technisch zeitgemäß auf den aktuellen Stand zu bringen. Demnach sind in Zukunft die Chemikalien nur in den dafür neu geschaffenen Lagerraum unter Berücksichtigung der Gefahrenklassen von Chemikalien zu lagern.

6.3 Unterteilung des Hauptlagers in einzelne Bereiche

Ein weiteres Problem bestand darin, dass die einzelnen Waren im Hotelstore völlig unübersichtlich gelagert wurden. Im Warenwirtschaftssystem MMS waren sie zwar nach Item groups sortiert und angelegt, was für die Umsetzung des neuen Standards sehr von Vorteil war. Nach der Einführung der neuen Standards werden die einzelnen Waren nach den Vorgaben des Systems in den Hotelstore gelagert. Hierfür wurde dieser in sieben Bereiche unterteilt:

> ➢ Bereich 1: Geschirr und Gläser,
>
> ➢ Bereich 2: EDV Equipment,
>
> ➢ Bereich 3: Küchen Equipment,
>
> ➢ Bereich 4: Hotel-/Rezeptions-Equipment,
>
> ➢ Bereich 5: Housekeeping Equipment,
>
> ➢ Bereich 6: Uniformen für Personal

> Bereich 7: Chemikalien.

Ein großer Vorteil dieser Maßnahme war, dass die Mitarbeiter in Zukunft die erhaltenen Waren wesentlich schneller einsortieren konnten und somit auch die Gefahr des Schädlingsbefalls sowie die Möglichkeiten des Diebstahls durch Personal und Lieferanten gesenkt werden konnten. Auch bei der zukünftigen Inventur wurde durch das schnelle Auffinden der Waren eine erhebliche Zeitoptimierung festgestellt.

6.4 Richtige Lagerung beim Storing

Aufgrund der zuvor erläuterten Maßnahmen im Hotelstore ist es sehr wichtig, dass die korrekte Lagerung der Waren in Zukunft erfolgt. Denn bei unsachgemäßer Warenlagerung entstehen dem Unternehmen die größten Verluste. Es sollte durch die neue Einteilung in den einzelnen Bereichen wesentlich leichter sein, die Ware ihrem neuen Bestimmungsort zuzuteilen. Besondere Aufmerksamkeit sollten hierbei die Chemikalien bekommen, da diese in den dafür geschaffen Lagerraum unter Berücksichtigung der einzelnen Gefahrenklassen eingelagert werden. Ebenso sollten die anderen Artikel sorgfältig und mit Vorsicht gelagert werden. Die richtige Lagerung der Waren führt dann letztendlich dazu, dass weniger Betriebsunfälle passieren und der wirtschaftliche Schaden reduziert werden kann. Da die Waren jetzt richtig eingeordnet sind, demzufolge auch richtig beschriftet sind, senkt sich somit auch das Risiko der Falschentnahme durch Fehlinformationen.

6.5 Einrichtung von Sicherungssystemen im Hotelstore

Aus betriebswirtschaftlicher Sicht aber auch aus arbeitstechnischen Gründen ist die vorschriftsmäßige Sicherung von Waren im Lager besonders wichtig. Damit wird erreicht, dass die Waren auch bei stürmischer See durch das Nichtvorhandensein von Sicherungssystemen weniger Bruch aufweisen oder unnutzbar werden. Und somit auch ein hohes Unfallrisiko durch Chemikalien oder andere schweren Gegenständen für das Personal bestand, wurde in Absprache des Hotelmanagers und der Schiffsleitung ein neues Sicherungssystem eingeführt. Dieses System beinhaltet, dass die Regale mit Sicherungsnetzen ausgestattet und zusätzliche Sicherungsnetze und Zurrgurte angeschafft wurden. Somit war es in Zukunft bei stürmischer See möglich, die Waren optimal zu sichern. Durch eine spezielle Schulung durch den Sicherheitsoffizier an Bord wurde der Umgang mit den neuen Sicherungsnetzen erleichtert.

6.6 Erstellung eines Plans zur Schädlingsbekämpfung

Ein besonderes Augenmerk obliegt der Schädlingsbekämpfung im Hotelstore. Vorbeugend sollte man immer darauf achten, dass es keine Löcher oder Risse in Böden oder Wänden gibt. Das die Türen gut mit dem Boden abschließen und das alle Fugen gut verschlossen sind. Des Weiteren ist darauf zu achten, dass während des Storing keine Getränke im Hotelstore stehengelassen werden, da es sonst zu Schädlingsbefall kommen kann. Denn durch den Befall von Schädlingen kann es zu Übertragungen von Krankheiten kommen. Und durch Fraßschäden an den Waren kann es zu erheblichen Wirtschaftlichen Schäden kommen. Darum sollte ein Schädlingsbekämpfungsplan erstellt werden. In diesem Plan wird festgehalten wo (in welchen Räumen), womit (Typ der Fallen), wie oft (kontrolliert), welche Maßnahmen und wer (Verantwortlich) ist für die Durchführung. Bei befall von Schädlingen, wird zusätzlich ein Dokumentationsplan erstellt der im Rhythmus von drei Monaten geführt wird. In diesem Plan sind folgende Daten enthalten wo (welche Räume), womit (Typ der Fallen), Befall gesetzte Maßnahmen, wann/wer (Datum Unterschrift).Die Schädlingsbekämpfung erfolgt dann durch ein so genanntes Monitoring das sind mit Lockstofftabletten versehende Klebefallen. Oder durch auslegen von Giftködern in geschützten Köderboxen. Die Befestigung von Klebefallen und Köderboxen muss natürlich an den örtlichen Begebenheiten angepasst werden. Idealerweise sollten diese Standpunkte farblich oder mit Symbolen in einem Raumplan festgehalten werden. Damit man weiß wo sich die Fallen befinden und man somit bei befall auch schneller reagieren kann. Die Maßnahmen gelten als erfolgreich beendet wenn man über den Zeitraum von einen Monat keine Spuren mehr von den Tieren findet. Im Anhang befinden sich die Pläne zur Schädlingsbekämpfung.

6.7 Erstellung eines Reinigungsplans

Durch die Schaffung von neuen Räumlichkeiten im Hotelstore ist es auch zwingend notwendig, einen neuen Reinigungsplan für den Hotelstore zu schaffen. Der Reinigungsplan sieht vor, dass alle Ablageflächen, Regale, Böden und die dazu gehörenden Räumlichkeiten im Hotelstore zweimal pro Woche gereinigt werden. Des Weiteren werden nach jedem Storing die Lagerräume ausgefegt und einmal durchgewischt, um so den Schmutz, der mit der gelieferten Ware in das Lager gelang, gleich zu beseitigen. Die geeigneten Reinigungsmittel sind:

„ECOLAB Bendurol® forte", ist ein Universal-Grundreiniger, der

> für Linoleumböden geeignet ist,

> gute Netzeigenschaften und hervorragenden Reinigungsleistung aufweist und der

> wie folgt verdünnt wird: 10 ml auf einen Liter Wasser

„Reinex R 14 Allzweckreiniger" ist ein Allzweckreiniger, der

> schnell und porentief reinigt,

> einen angenehmen, langanhaltenden Duft hinterlässt,

> für alle abwaschbaren Flächen wie Regale, Schränke, Böden geeignet ist und der

> wie folgt verdünnt werden muss: 50 ml Grundreiniger auf 10 l Wasser.

Anhand von Checklisten, die gut sichtbar im Lager angebracht werden, sind die Daten, wie oft, was, womit von wem, wie gereinigt wurde, einzutragen. Diese Listen sind regelmäßig von den Vorgesetzten zu kontrollieren.

7 Fazit

Für jedes Unternehmen ist es heutzutage sehr wichtig, Standards in jedem Bereich zu schaffen. Denn ohne Richtlinien, die in Standards detailliert erläutert werden, kann ein reibungsloser Betriebsablauf nur selten gewährleistet werden. Über die daraus resultierenden Ergebnisse liest man sehr oft in der Fachpresse, zum Beispiel: Misswirtschaft, Diebstahl durch Mitarbeiter und Lieferenten, Betriebsunfälle hohe Personalkosten. Dies sind nur einige Probleme. Darum ist es für jedes Unternehmen sehr wichtig, dass die neuen Standards immer zeitnah geschult werden.

Auf der MS Columbus ist es durch die Einführung der neuen Standards im Bereich des Hotelstores zu erheblichen und sichtbaren Veränderungen gekommen. Durch die Einteilung der einzelnen Bereiche im Hotelstore war es somit wesentlich einfacher für die Crew, die gelieferten Waren sehr schnell und korrekt einzulagern. Auch bei der Inventur wurde durch das schnelle Auffinden der Ware ein erhebliches Zeitoptimum festgestellt: Dauerte es vorher bis zu sechs Stunden den Hotelstore zu zählen, schaffte man es jetzt in drei Stunden. Bei der Schaffung eines neuen Lagers für Chemikalien ist es zu einer erheblichen Verbesserung in Form von Sicherheit für das Schiff, der Passagiere und der Besatzung gekommen. Denn durch das Führen von Checklisten und Sicherheitsdatenblätter kann nun beim Eintreten eines Unfalls schnell gehandelt werden. Des Weiteren bestand durch das Installieren des neuen Sicherheitssystems im Hotelstore eine weitere Optimierung. Denn in Zukunft gingen bei stürmischer See und dem Storing viel weniger Waren zu Bruch, was sich wiederum positiv auf das betriebswirtschaftliche Ergebnis ausübte. Die Umsetzung des Hygiene und Schädlingsbekämpfungsplans im Hotelstore, war durch das Hohe Interesse an neuen Standards durch die Mitarbeiter und der Schiffsleitung sehr leicht umzusetzen.

Zusammenfassend sei gesagt: Nur wenn alle diese Standards eingehalten werden, wird auch weiterhin das betriebswirtschaftliche Ergebnis stimmen. Dieses sollte durch die erschaffenden Standards und Checklisten möglich sein.

8 Anhang

8.1 Literaturverzeichnis

Josse Germann

Rechnungswesen für Hotellerie und Gastronomie

Winkler Verlag

Darmstadt, 3003

Scheja, Joachim:

Logistische Entscheidungsprobleme in der Praxis

Gabler Verlag

Wiesbaden, 2005

Schäfer Franz

Hand-out Kreislauf der Warenwirtschaft

Hamburg, 2006

8.2 Verzeichnis der Internetquellen

http://de.wikipedia.org/wiki/Columbus_(1997)

http://www.contentmanager.de/magazin/artikel_303_standards_im_e-government.html

http://www.methode.de/pm/um/pmum1.htm

http://en.wikipedia.org/wiki/United_States_Public_Health_Service

http://www.charlott-produkte.de/serviceseite.htm

8.3 Abbildungsverzeichnis

8.4 Sicherheitsdatenblätter für Chemikalien

ECOLAB Bendurol® forte ist ein Universal-Grundreiniger

SICHERHEITSDATENBLATT

Entspricht der EU Verordnung EC 1907/2006 und deren
Anpassungen

BENDUROL FORTE

Code : 100492E   Version : 4   Datum der Überarbeitung : 17 April 2008

---

1. Stoff-/Zubereitungs- und Firmenbezeichnung

Bezeichnung des Stoffes oder der Zubereitung
Produktname   : BENDUROL FORTE
Verwendung des Produkts : Fussbodengrundreiniger
                           Das Produkt ist für die professionelle Anwendung bestimmt

Bezeichnung des Unternehmens
Hersteller/   : Ecolab Deutschland GmbH
Händler/   Reisholzer Werftstrasse 38-42
Importeur   Postfach 13 04 06
                           DE-40554 Düsseldorf
                           Germany
                           Tel +49 (0)211 9893 0
                           Fax +49 (0)211 9893 384
                           Commercial-Services.de@ecolab.com
                           Notruf: 0211 98 93 700

Informationszentrale für : 0551 19240 (Giftinformationszentrum-Nord (GIZ-Nord) Göttingen)
Vergiftungsfälle

2. Mögliche Gefahren

Die Zubereitung ist gemäß Richtlinie 1999/45/EG und ihren Änderungen nicht als gefährlich eingestuft.

Einstufung   : Nicht eingestuft.

Siehe Abschnitt 11 für detailliertere Informationen zu gesundheitlichen Auswirkungen und Symptomen.

3. Zusammensetzung / Angaben zu Bestandteilen

Inhaltsstoffangabe gemäß Detergentienverordnung 648/2004 EG:

≥5 - <15% Phosphat
<5%   nichtionische Tenside

Enthält Parfum: (Limonene)
Stoff/Zubereitung   : Zubereitung

Name des Inhaltsstoffs	EINECS	CAS	%	Einstufung
Phosphates	230-785-7	7320-34-5	5 - 10	Xi; R36/37/38
2-Phenoxyethanol	204-589-7	122-99-6	2 - 5	Xn; R22
				Xi; R36
2-(2-Butoxyethoxy)ethanol	203-961-6	112-34-5	2 - 5	Xi; R36
Fettalkoholethoxylate > 5EO	Polymer.	146340-16-1	1 - 2	Xi; R38
				N; R50
Siehe Abschnitt 16 für den vollständigen Wortlaut der oben angegebenen R-Sätze				

Die Grenzwerte für die Exposition am Arbeitsplatz sind, wenn verfügbar, in Abschnitt 8 wiedergegeben.

Ausgabedatum   : 17 April 2008   Seite: 1/5

Abbildung 3 Sicherheitsdatenblatt

Reinex R 14 ist ein Allzweckreiniger.

Sicherheitsdatenblatt

Gemäß Verordnung 1907/2006/EG (REACH)

Erstellt: : 1. September 2008   Überarbeitet: Seite 1 von 4

1. Stoff-/ Zubereitungs-und Firmenbezeichnung
1.1 Handelsname
Allzweckreiniger Putz-Teufel Zitro Art.-Nr. 152
Verwendung der Zubereitung:
Universalreiniger

1.3 Angaben zum Hersteller / Lieferanten
Reinex-Chemie GmbH &Co.KG,Bladenhorster Str. 114, D-44575 Castrop-Rauxel
Ansprechpartner: Herr Neumann / Mail : neumann @reinexchemie.de
Auskunft / Notrufnummer: 02305-923920 / Bürozeit 8 -17 Uhr

2. Mögliche Gefahren
Besondere Gefahrenhinweise für Mensch und Umwelt
Nicht gefährlich im Sinne der Richtlinie 1999/45/EG
Kann allergische Reaktionen hervorrufen
Für die Umwelt: Siehe Punkt 12.

3. Zusammensetzung / Angaben zu Bestandteilen
Inhaltsstoffe gemäß 648/2004 EG
<5% nichtionische Tenside , anionische Tenside , Seife
Duftstoffe ; Limonen
Konservierungsmittel :Methylchloroisothiazolinone , Methylisothiazolinone
Ferner Citrate, Farbstoffe

Chemische Bezeichnung	%	CAS-Nr.	Einecs-Nr.	Symbol	R-Sätze
Fettalkoholpolyglykolether	<5	26183-52-8	Polymer	Xi	36/38
Natriumalkansulfonat	<5	85711-69-9	288-330-3	Xi	38,41
D-Limonen	<0,5	5989-27-5	227-813-5	F,Xn,Xi	10,38,43,50/53,65

4. Erste-Hilfe-Maßnahmen
Nach Einatmen
entfällt
Nach Hautkontakt
Mit Wasser abwaschen
Nach Augenkontakt
Mit Wasser spülen.
Nach Verschlucken
Kein Erbrechen herbeiführen, viel Wasser zu trinken geben, ggf. Arzt konsultieren.
Zusätzliche Hinweise : keine

5. Maßnahmen zur Brandbekämpfung
Geeignete Löschmittel
Wassersprühstrahl / Schaum / CO2 / Trockenlöschmittel
Aus Sicherheitgründen ungeeignete Löschmittel
keine bekannt
Besondere Gefährdung durch Stoff/Zubereitung selbst, Verbrennungsprodukte oder Gase
nicht zu erwarten.
Besondere Schutzausrüstung bei der Brandbekämpfung
Nicht erforderlich

Sicherheitsdatenblatt Gemäß Verordnung 1907/2006/EG (REACH)

Allzweckreiniger Putz-Teufel Zitro Art.-Nr. 152

Abbildung 4

28

8.5 Gefahrenzeichen für Chemikalien

Xi „reizend"

Als reizend wird ein chemischer Stoff dann bezeichnet, wenn er beim Menschen deutliche Reizwirkungen der Haut hinterlässt. Für Zubereitungen gibt es eine Berechnungsformel, um deren Reizwirkung aus den einzelnen Inhaltsstoffen zu ermitteln. Die Reizwirkung in Reinigungsmitteln resultiert zum überwiegenden Teil aus darin enthaltenen Säuren und Laugen. Hierbei sei erwähnt, dass der Grenzwert für Salzsäure beispielsweise 10 % beträgt, d. h. erst eine Salzsäure mit 10 % Anteil ist als reizend zu kennzeichnen. Das viel höhere Gefährdungspotenzial von Laugen drückt sich auch in dem Grenzwert zur Kennzeichnungspflicht, der z. B. bei Natronlauge bei 0,5 % liegt, aus.

Xn „gesundheitsschädlich"

Die Kennzeichnung „gesundheitsschädlich" kann auf 2 Ursachen zurückzuführen sein. Zum einen kann der Stoff oder die Zubereitung Bestandteile enthalten, die als solche als „gesundheitsschädlich" gekennzeichnet sind, oder solche in geringen Mengen, die als „toxisch" gekennzeichnet sind. Informationen hierzu sind unter Punkt 2 des Sicherheitsdatenblattes zu finden. Eine solche Kennzeichnung erfolgt heute oft noch bei kohlenwasserstoffhaltigen Lösungsmitteln, da in diesen Produkten noch entsprechende Anteile an toxischen Aromaten wie Benzol enthalten sind. Da es jedoch auch etwas teurere, aromatenfreie Produkte gibt, sollten man bemüht sein, keine Reiniger, die mit Xn gekennzeichnet sind, einzusetzen.

Abbildung 5

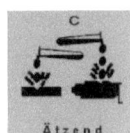

C „ätzend"

Als „ätzend" sind solche Produkte und Zubereitungen eingestuft, die bei Hautkontakt eine deutlich Ätzung der Haut nach sich ziehen. Dies gilt für die unter „reizend" beschriebene Natronlauge ab 2 % und bei Salzsäure ab 25 %. Trotz intensiver Bemühungen der Hersteller werden auch in Zukunft für schwierige Einsatzbereiche Grundreiniger benötigt, die mit „ätzend" gekennzeichnet sind. Diese Produkte sollten den schwierigen Fällen vorbehalten sein!

N „umweltgefährdend"

Als „umweltgefährdend sind solche Produkte zu kennzeichnen, die entweder biologisch sehr schlecht abbaubar sind, oder die schädlich für Mikro- oder Wasserorganismen sind. Da hierzu eine ganze Reihe von Tensiden zählen, führt dies bei dem ansonsten zu begrüßenden Trend zu Hochkonzentraten zu einer Kennzeichnungspflicht solcher Produkte.

F „leicht entzündlich"

Die Kennzeichnung „leicht entzündlich" ergibt sich ausschließlich aus dem Flammpunkt (Temperatur bei dem ein Stoff bei Anwesenheit einer Zündquelle brennt) des Stoffes oder der Zubereitung. Bei wässrigen Reinigern sind gekennzeichnete Produkte fast ausschließlich auf eingesetzte Alkohole (Ethanol oder Isopropanol) zurückzuführen.

Abbildung 6

9 Checklisten

9.1 Pest Control Plan MS Columbus Hotelstore

Schädlingsbekämpfungsplan

MS Columbus   Hapag Lloyd Kreuzfahrten

WO Räume Bereiche	WOMIT TYP DER FALLE Kriechinsekten	WOMIT TYP DER FALLE Nager	WIE OFT kontrolliert	WELCHE Maßnahmen	WER Verantwortlich

9.2 Schädlingsbekämfungs - Dokumentation Hotelstore

3-Monats - Dokumentation

MS Columbus   Hapag Lloyd Kreuzfahrten

WO Räume Bereiche	WOMIT TYP DER FALLE Kriechinsekten	WOMIT TYP DER FALLE Nager	BEFALL	GESETZTE Maßnahmen	WANN/WER Datum/Unterschrift

9.3 Reinigungsplan Hotelstore MS Columbus

MV Columbus

Hapag Lloyd Kreutzfahrten

08.03.2010-14.03.2010   Cleaning Shedule Weekly

Day	Job	Daily Main Task	Name	Signature
Monday	Hotelstore 2x 13.30 and 21.00 Cleaning Walls & Ceiling Doors cleaning Shelves cleaning Handrail from Staircase disinfect Remove Garbage	Hotelstore !!! desinfekt all door handles !!!		
Tuesday	Corridor Cleaning Floor 2x 13.30 and 21.00 Corridor Cleaning Walls & Ceiling Doors cleaning Handrail from Staircase disinfect Remove Garbage	Corridor !!! desinfekt all door handles !!!		
Wednesday	Chemical Store 2x 13.30 and 21.00 Corridor Cleaning Walls & Ceiling Shelves cleaning Doors cleaning Handrail from Staircase disinfect Remove Garbage	Chemical Store !!! desinfekt all door handles !!!		
Thursday	Corridor Cleaning Floor 2x 13.30 and 21.00 Corridor Cleaning Walls & Ceiling Doors cleaning Handrail from Staircase disinfect Remove Garbage	Elevator !!! desinfekt all door handles !!!		
Friday	Hotelstore 2 x 13.30 and 21.00 Cleaning Walls & Ceiling Shelves cleaning Doors cleaning Handrail from Staircase disinfect Remove Garbage	Hotelstore !!! desinfekt all door handles !!!		
Saturday	Corridor Cleaning Floor 2x 13.30 and 21.00 Corridor Cleaning Walls & Ceiling Doors cleaning Handrail from Staircase disinfect Remove Garbage	Corridor !!! desinfekt all door handles !!!		
Sunday	Chemical Store 2x 13.30 and 21.00 Shelves cleaning Corridor Cleaning Walls & Ceiling Doors cleaning Handrail from Staircase disinfect Remove Garbage	Chemikal Store !!! desinfekt all door handles !!!		

Ausrüstungsprotokoll

Schiff: **MS Columbus**

Ausrüstung per: Flugzeug ☐   Container: ☐   LKW: ☐ Vor Ort: ☐
:

Ort der Ausrüstung: _____ **Datum der** _____

Dauer der   von   r _____ **bis** _____

Übernahme durch Externe: _____ Anzahl _____

	JA (evtl. Bemerkung)		NEIN (evtl. Bemerkung)	
War die Anlieferung vollständig:	☺☐	_____	☹☐	_____
Waren Sie mit der Anlieferung zufrieden:	☺☐	_____	☹☐	_____
Erfolgte die Anlieferung ohne Fehlmengen:	☺☐	_____	☹☐	_____
Erhielten Sie die nötigen Lieferscheine / Rechungen:	☺☐	_____	☹☐	_____
Haben Sie evtl. Schäden festgestellt:	☹☐	_____	☺☐	_____
Erfolgte die Anlieferung pünktlich:	☺☐	_____	☹☐	_____
Waren Sie mit der Leistung der externen Mitarbeiter	☺☐	_____	☹☐	_____

Bemerkungen:

t

Ort : _____   **Datum:** _____

HIC: _____   **Unterschrift** _____
     Name

F+B Manager: _____   **Unterschrift** _____
     Name

Hotel Manager: _____   **Unterschrift** _____
     Name   :

10 Bilder des Hotelstores

Vorher: Lagerung von Gläsern/Geschirr   **Nachher:** Lagerung von Gläsern/Geschirr

Im Hotelstore   im Bereich 1 des Hotelstores

Abbildung 7   Abbildung 8

Vorher: Lagerung des EDV Equipment   **Nachher:** Lagerung des EDV Equipment

Im Hotelstore   im Bereich 2 des Hotelstores

Abbildung 9   Abbildung 10

Vorher: Lagerung des Küchen Equipment **Nachher:** Lagerung des Küchen Equipment

Im Hotelstore   im Bereich 3 des Hotelstores

Abbildung 11   Abbildung 12

Vorher: Lagerung des Hotel/Rezeptions- **Nachher:** Lagerung des Hotel/Rezeptions-

Equipment im Hotelstore   Equipment im Bereich 4 des

Hotelstores

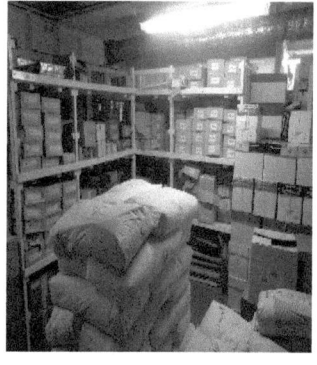

Abbildung 13   Abbildung 14

Vorher: Lagerung des Housekeeping Equipment im Hotelstore

Nachher: Lagerung des Housekeeping Equipment im Bereich 5 des Hotelstores

Abbildung 15

Abbildung 16

Vorher: Lagerung der Uniformen für Personal im Uniform Locker

Nachher: Lagerung der Uniformen für Personal im Bereich 6 des Hotelstores

Abbildung 17

Abbildung 18

Vorher: Lagerung der Chemikalien

Im Hotelstore

Nachher: Lagerung der Chemikalien

im Chemikalien Raum im

Bereich 7 des Hotelstores

Abbildung 19

Abbildung 20